WOMEN PLOT

Sharing Inspiring Women Stories

OSSA SACRE

Leila Bussi

WOMEN PLOT

Prima edizione in "Emerging" ottobre 2021
ISBN: 9791280593160

Illustrazioni: Maria Sole Costanzo

Il catalogo completo delle edizioni Women Plot può
essere trovato al sito www.womenplot.com

Ossa sacre

A chi, come me,
ha sofferto le afflizioni
della mente umana –
a chi ha desiderato
di essere amato
alla stregua
del suo caro cuore,
ma non ha ricevuto
l'amore che meritava:
attendete,
il momento più buio della notte
è quello che precede di poco
il sorgere del sole.

Caro lettore, chiunque tu sia, se hai preso in mano questo libro non può essere una semplice coincidenza. Sia io che te dovevamo arrivare fin qui. Forse ti riconoscerai nelle mie parole e ti spiegherai perché.

Caro lettore, in questo momento tieni tra le tue mani le mie ossa sacre, il mio cuore pesante. La mia storia.

Con *Ossa sacre* io mi chiedo perdono.

È il mio percorso di crescita attraverso la malattia, fino alla realizzazione dell'importanza del "sé".

Ho sofferto a lungo di mali diversi eppure così simili. Era sempre la mia mente annerita e affannata a farla da padrona, che non m'ha lasciato vivere con il dovuto incantamento la mia giovinezza. Mi sento come se ne fossi stata derubata.

Non mi sono compresa finché non ho raschiato il fondo con le mie unghie spezzate, scarnificate.

Così è cambiata la mia vita.

Ho cominciato a combattere il mio male.

Scrivendo – denudandomi su innumerevoli pagine vuote di quaderni, riempiendo fogli dei miei versi.

Affidando il mio cuore alla poesia.

Nel 2017 ho cominciato scrivendo poesie in inglese – sono laureata in Lingue e l'inglese è sempre stato un po' il mio dono, l'ho sempre amato profondamente. È in questo modo che mi sono approcciata alla poesia – prima di tutto, anche, alla poesia straniera.

Ho cominciato a raccogliere componimenti in italiano nell'ottobre del 2018. Al tempo ero un'altra persona rispetto a quella che sono ora. Oggi, ho un cuore molto più pesante nel petto, e questo peso ha a lungo influenzato molte delle mie decisioni.

Non sempre nel bene.

L'idea di *Ossa sacre* si realizzò più concretamente nell'anno seguente, durante il quale la mia vita venne stravolta, capovolta, da avvenenti personali. Al tempo tenevo anche un diario, o meglio, una raccolta di memorie per me stessa: vorrei riportare qui alcune pagine, pagine pregnanti di significato, in cui spiego il mio processo creativo, e come la mia poesia abbia esorcizzato il mio malessere e mi abbia aiutato a trovare la mia voce narrativa.

20 marzo

Non ho più nessuno con cui parlare.

Questo tipo di solitudine – quella che inaridisce e mi rende cava, cava come un albero dentro a un tifone – è dilaniante.

Perché in qualche modo l'ho scelta io. Io, incapace da sempre di prendere una qualsiasi deci-

sione, io – è colpa mia se adesso mi sento murata viva in una mente che è prigione e condanna. Dalle pareti granitiche da cui non posso mai fuggire, nemmeno nel sonno. Perché l'inconscio si diverte a punirmi crudelmente: è divorante sognare quello a cui si anela vergognosamente ma sapendo di non poterlo mai avere. Mi sento terreno infertile per le emozioni sane. Non ho più reazioni autentiche, non riesco a stare a sentire una persona parlare per più di cinque minuti, che mi assale una nausea soverchiante.

Non voglio vedere le persone innamorate: è come vedere un mio desiderio inappagato sfilarmi davanti agli occhi, gli stessi occhi che troppo spesso si sono inzuppati di lacrime, vedovi di una perdita che non è loro.

Lui non c'è più. Mi sento strappata delle mie corde vocali: è lui ad avere preso una costola da me, mi ha lasciato sola, nuda, e tremante – barcollante e mezza morta.

Come si può prendere così tanto da una persona e restarne indenni?

Invidio la sua ignoranza emotiva, la invidio perché nel suo egoismo, lui non si fa mai portare via niente.

Io, invece, do via tutto, volontariamente.

A lui avrei dato qualsiasi cosa, senza che me la avesse chiesta mai. È stato meraviglioso, per una volta, avere qualcuno. Nutrirmi della speranza che si curasse davvero di me.

Ma per l'ennesima volta, mi sono sbagliata.

21 marzo

Nella mia famiglia hanno tutti un fastidioso difetto, che io fatico a tollerare: la curiosità. Un'inarginabile curiosità, che ha la sua controparte in un altro atteggiamento che li contraddistingue e che li domina: la completa indifferenza.

Non hanno una scala di reazioni appropriate, non c'è mediazione tra l'uno e l'altro atteggiamento. O sono morbosamente curiosi, cauti e attenti ad ogni mio movimento e sguardo, come se vedessero annodarsi e snodarsi i pensieri al fondo del mio sguardo senza poterli mai svelare, oppure... mi pare di non esistere.

Ogni parola cade nel nulla, vittima di una sensibilità repressa, o meglio, espressa, ma definitivamente non apprezzata, né tantomeno ascoltata. Dunque, io ciondolo, giorno per giorno, attendendo di essere offesa o dall'una o dall'altra.

Ad ogni modo, in definitiva: non c'è riscontro, da parte loro. Mi curo, dunque, dei miei problemi, sperando che questi non diventino talmente chiassosi da squarciare le mura sorde della loro quotidiana stordita apatia.

Mi trovo d'accordo sul fatto che ognuno si ritrovi a curarsi della propria vita, rimuginando su di essa – e io ne sono la prima vittima, assorta nelle mie bolle di sapone mentali – certo, è concesso farsi gli affari propri finché lo specchio drammatico della vita altrui non ci sfiora – allora sì che, spesso, il vero pettegolezzo, crudele e più spietato, prende forma.

Quanto è affollata e al contempo vuota questa casa – non c'è pace nemmeno nella mia solitudine.

22 marzo

Questa sera mi sento imperdonabilmente malinconica. Imperdonabile perché non c'è ragione che io lo sia. Ho passato una bella serata in compagnia di mia zia e di suo marito: abbiamo riso molto.

Eppure, quando sono salita in macchina alla volta di casa, ho intravisto la luna, dolorosamente luminosa, pura e virginale, piena. Portatrice di tremendi ricordi.

Mi domando quando e semmai si smetta di sentirsi soli dopo aver perso qualcuno dal nulla. Dopo essersi allontanati inspiegabilmente dall'unica voce amica, più vicina di un tocco reale, più devastante di una separazione fisica. Come si può perdere il proprio unico conforto con tanta facilità? Com'è possibile che due anime, da un giorno all'altro, possano sembrare non essersi sfiorate mai?

Io non mi sono mai sentita così viva. Ho intravisto, tramite le nostre conversazioni a tarda notte, la sua essenza. Un vero uragano la sua mente: non ho mai conosciuto qualcuno con una tale contagiosa e inebriante voglia di vivere. Per qualche mese, anche io, con lui, ho avuto voglia di vivere. Sono cambiata: è palpabile. Lui ha legittimato la mia voglia di essere donna, mi ha mostrato che la sensualità che ho sempre castigato, quasi il mio corpo non m'appartenesse, non è un crimine ma una benedizione.

L'ho desiderato e l'ho avuto solo per un istante. L'ho assaggiato, quel promettente banchetto, solamente con la punta della lingua. Ora mi sento in preda a una febbre intossicante e delirante.

Non c'è giorno che io non riesca, per un istante, a non domandarmi come stia. Non mi racconta più niente, vedo solamente foto e parole vuote che condivide con tutti.

Se non avessi un orgoglio, tornerei a prostrarmi ai suoi piedi, ma il mio orgoglio l'ho conquistato negli ultimi due mesi – col sangue, i chiodi e l'acciaio inossidabile.

27 marzo

Questa sera mi sento strana, come avvolta da un senso di perdita estremamente conscio, perciò palpabile. Però non sono sconsolata: forse è perché per oggi ho consumato la mia dose di lacrime e sono semplicemente esausta, non mi aspetto più nulla e per non rischiare altre vane speranze, mi va bene così.

Perché, pur sapendo di non poterci portare del bene, le persone s'intrufolano lo stesso nella nostra vita?

Sento anche un forte senso di diniego nei confronti del mio corpo: non è raro che io mi affami.

*Eppure adesso, non provo più niente. Non sento
più la fame, non sento più nulla, perché il dolore
mi annulla. Sono un cimitero di desideri nega-
ti, pelle consumata dalla sofferenza e di braccia
morte, incapaci di amare.*

30 marzo

*Non ho più la forza di oppormi a me stessa. Im-
piego ore a recuperare la mia mente dal pozzo
infinito nel quale è precipitata. Mi manca la luci-
dità con la quale affrontavo le delusioni, prima.
Il riuscire a vedere del bene in qualsiasi persona
con la determinazione di non lasciare andare ciò
che per me era più prezioso.*

*Se solo non mi sentissi così sola. Non riesco
più a fare i conti con la felicità degli altri. Non
è che uno schiaffo alla mia negligenza. Non ri-
esco a far restare nessuno. È annichilente non
conoscere la felicità, quella vera, non riuscire
più a sorridere, a volte nemmeno ad accennare
un sorriso per intere settimane, mi sento forzata
e innaturale.*

*E poi, quando vedo conoscenti o amici felici
e innamorati, sento il vuoto inghiottirmi tutta e
attendo con ansia il momento in cui potrò sca-
ricare le mie lacrime. Ogni pensiero è una pu-
gnalata.*

*È allora che accetto quella che è la mano obli-
viante delle mie pasticche sulla fronte.*

31 maggio

Lunga pausa, ma penso ancora qui.

Sto scrivendo una poesia ma faccio molta difficoltà ad andare avanti. È così personale, vorrei solo che fosse perfetta. Che parli, che strepiti, che voli nel mondo… o che resti chiusa nel mio faldone. Parla di quello che sono diventata negli ultimi tempi, di quanto sono cambiata dall'incidente.

Di come io abbia perso l'ultima manciata di leggerezza che possedevo.

È importante ed è bella. Per me è bella perché è sincera proprio perché non parla di cose belle. Sto andando avanti, sento che ora ci sto riuscendo.

Oggi sono stata serena, spero di andare avanti così ancora qualche giorno.

Il dolore è produttivo ma la lucidità mentale ha molti pregi. Quando soffro, scrivo bene. Scrivo pezzi, poesie, pensieri… è tutto tangibile e reale. Me lo sento nelle ossa. Un giorno vorrei creare una raccolta, scriverle a macchina, magari, con la mia piccola, malfunzionante Alba celeste. Vorrei conservarle, perché non voglio dimenticare.

3 giugno

A volte non riesco a scrivere. Ho l'impressione che il mondo sia troppo per me: mi sveglio, dischiudo le palpebre e decido subito che non è giornata per vivere. Decido che non voglio essere un essere umano, almeno per un giorno… e succede così, non solo quel giorno ma per i molti a seguire.

Ci sono giorni in cui è necessario alzarsi e funzionare meccanicamente nel mondo, anche se ogni dettaglio ferisce il mio sguardo, anche se la penna mi sfugge di mano. Non si può rimandare tutto per sempre.

Eppure io tendo a incupirmi ancora di più dietro alle doppie tende della mia camera – dove la luce filtra opaca, fioca. È forse la sonnolenza che mi induce a restare così tanto nel letto...

Questa sera non riesco a esprimermi come vorrei – rido di me stessa, perché un'aspirante scrittrice che non trova le parole – oppure quando le trova, sono ormai già arrugginite – è molto ironico.

Quanto vorrei vivere della mia penna.

Oggi ho pensato che sarebbe bello mettere in un racconto le tende del bagno nella cucina con i delfini ricamati e cose del genere. Quando ci siamo trasferiti nella nostra attuale casa, papà sbagliò a mettere le tende nella cucina, e quando se ne raccapezzò, commentò la cosa con un «Be', potrebbe essere la nuova avanguardia».

È un dettaglio divertente, non è vero, per un racconto? Però può essere anche molto triste. Perché una persona dovrebbe usare le tende del bagno in cucina? Perché sono usurate e non può permettersene di nuove. Perché le piacciono i delfini. La verità non sta mai tutta in una sola scelta.

21 agosto

Quando lui torna, mi sembra di risorgere da una morte improvvisa e sbilanciata, e poi quando se ne va, muoio di nuovo.

Sono morta tante volte. Oggi sono morta ancora.

Ti ho aspettato per vent'anni e adesso il mio cuore è avvizzito con me.

Vorrei che mi dessi il colpo fatale, vivere con una roba morta nel petto è per chi non può più permettersi di sognare, e io piuttosto preferisco chiudermi gli occhi.

D'ora in poi andrò in giro con un buco nel petto e la gente mi domanderà perché ma io sono ammutolita, perché i fantasmi non parlano e io giuro che infesterò ogni tuo sogno, pensiero.

Da oggi non ho più un cuore.

Tornerò su queste pagine semmai lo sentirò riaffiorare: non morirò più.

[...]

28 settembre

Mi sento sull'orlo di un decadimento spirituale.

Ogni parte mia buona s'è incancrenita, ha viaggiato con la spalla incollata al male troppo a lungo. Non distinguo le mie delusioni dalla realtà: è vero oppure è frutto della mia ossessione, della mia gelosia? Ho paura oggi, più che mai. No, non degli altri. Di me stessa. Sono il mio peggior nemico e carceriere, lego strette le manette ai miei polsi, ora mi dolgono e i lividi non vanno più via.

Soffro come soffre chi ha perso per sempre, eppure io non ti ho perso: non ti ho mai avuto. Neanche su quella panchina lungo il fiume, i lampioni accesi e gli stomaci tuonanti, era sera e io ti parlavo delle mie ferite e tu mi osservavi con aria grave, quasi presagissi il mio cupo destino. Non ci vado più in quei luoghi, nemmeno per sbaglio, nemmeno sovrappensiero. L'altro giorno ci sono passata vicina e dopo ho sbarrato la porta del bagno di un bar per scaricare le mie mancanze, le mie lacrime nei servizi igienici insieme agli escrementi di qualcun altro.

Ciò che mi tormenta è che forse sono sempre stata troppo, e nessuno vuole prendersi il peso del mio tumolo di malinconie.

5 febbraio

Ho fatto una cosa orribile. Per sfortuna non è andata a buon fine. È passata You look like rain *nelle mie cuffiette e non ho retto più. Ho sentito una voce chiamarmi, una mano evanescente sfiorarmi. All'infermiere ho dato il braccio sinistro e ho bevuto con riluttanza il mio beverone nero, acre, come un bimbo che ingerisce la prima medicina amara della sua vita. Sono in biblioteca oggi – mi sembra che non sia accaduto niente. Non sto meglio ora: non sento niente. Sono completamente svuotata. Non ho pensieri, non ho parole – non è successo nulla, ho forse immaginato tutto? Eppure, sul mio braccio sinistro, un livido si espande attorno al buco laddove due sere prima una flebo alimentava il mio tiepido corpo.*

30 febbraio

Voglio tornare a casa. Qui impazzirò. Faccio paragoni, mi vedo una gigantessa in un mondo di divelte fatine. Cammino senza sosta, in stanza, nel cortile, nel bagno – non so stare ferma. Cammino col libro in mano, per i corridoi, nel cortile della mensa. Non mi do soste, non voglio decelerare. Sto peggio da quando sono qui – la mia mente è lievemente più leggera ma il mio cuore è sempre il mio macigno, ingombrante organo della discordia. Alla notte dormo poco: aumentano le pasticche ma non cambia – non cambia niente. Sono serena – in apparenza, sono brava ad apparire. A mantenere una certa apparenza.

Dentro scalpito. C'è la mia fiammella che divampa sempre, non si spegne né accenna a diminuire. Questo è il mio dono – anche se non ho ancora ben capito quanto positivo io lo possa considerare.

Sto imparando ad accettare i lutti. Recalcitrante – nel mio lasciare andare, non sono capace. Ma che senso ha punirsi sperando? La speranza, quando è vana e consapevole, è la peggior malattia. In alcuni momenti vorrei dimenticare tutto. Cancellare quasi due anni della mia vita per gua-

rire dalla vanità delle mie speranze. Eppure lo trovo nei miei incubi: per le poche ore di sonno che mi concede la mia ansia cronica, lui mi dà la colpa di tutto il male che ho provato e di cui ancora sento infiorescenze scalpitare sotto la pelle. Andare avanti è l'atto di gentilezza nei confronti di me stessa più difficile che io abbia mai provato a fare.

Guardo fuori dalla finestra e la primavera è ancora lontana. Il freddo è rassicurante – quantomeno posso nascondere le mie forme e non vederle fino al momento in cui passerò davanti allo specchio traditore.

Tengo questo diario perché non voglio dimenticare – non voglio dimenticare alcun momento.

Sto scrivendo. Non getterò mai nell'acqua questo mio desiderio. Tengo la penna stretta tra le mani, non me la lascio mai sfuggire. È il mio unico potere – è l'unica cosa che ho sempre saputo fare.

Rinascerò tra le righe delle mie poesie.

Ecco cos'è la poesia per me: esorcizzare il dolore con le parole, con le parole più vere che io possa trovare. Mi sono dipinta tra queste righe, con versi carichi di umiltà. Ci sono io in ciò che leggerete: è tutto vero. Ogni singola parola è frutto della mia esperienza e del mio vissuto.

Quelle che leggerete sono le poesie riversate dalle mie ossa sacre. Tenete il mio cuore pesantissimo nelle vostre mani, adesso.

Trattatelo con cura.

Un giorno mi sveglierò
concreta,
mi guarderò allo specchio
e mi taglierò tutti i capelli.
Poserò con compostezza
presso di te
le vestige della mia gioventù
e, nuda,
spogliata da ogni lutto,
ti racconterò
con voce infranta
tutti i miei sogni di ragazza.

29 giugno 2019

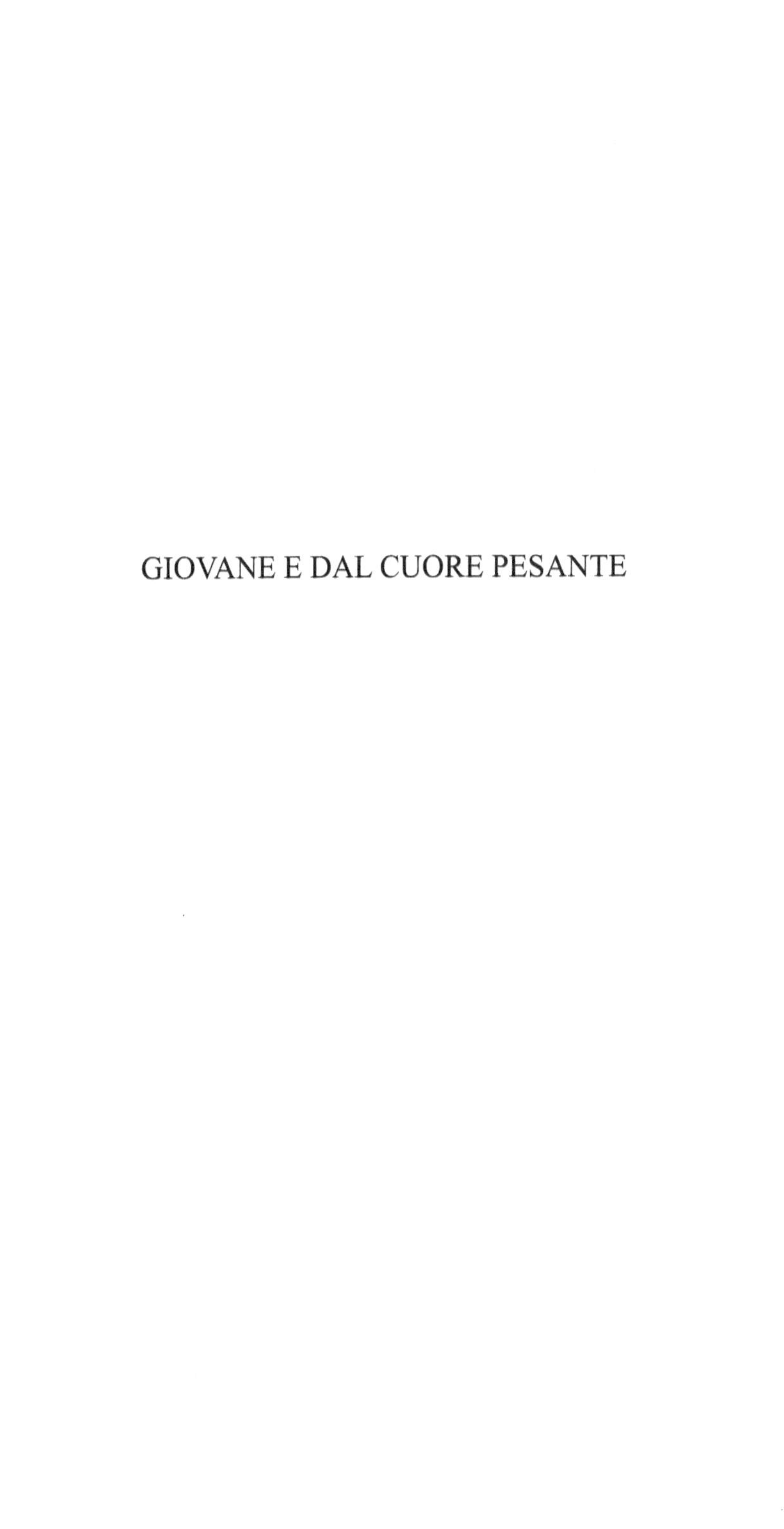

GIOVANE E DAL CUORE PESANTE

T'allunghi nei tuoi tristi pensieri
cerchi vorace ossa da odiare
tra lembi di pelle squarciata da silenzi.
Vetro, chiodi
e sentimenti acuminati
fiumi di sangue secco tra le cosce
residui stantii di ferite infette,
dolori raffermi
di lame che non cicatrizzano mai.
Nel petto cavo riverberano cullanti melodie,
risate e poesie
squassano tra il rumore ovattato della risacca.
Perduta coscienza d'ingenuità,
anni fa seppellimmo la speranza,
danzando attorno alle crepe sui muri
coi fiori recisi alle finestre
salutammo mostri nell'armadio;
dimmi:
che cosa li combatti a fare?
Dagli da mangiare,
attendono quando taci
quando senti il male affiorare,
tra spaziosi anfratti svuotati;
non interrompono soliloqui,
nutrono chiare disillusioni.
Urlano:
cedigli, bambina
ne hai abbastanza dei funerali.

2019

MADRE DAI LOMBI STRETTI

Cara madre
figlia della fame,
lanceresti il mondo tra le mie fauci
se potessi;
giovane lupa dallo stomaco vuoto
i tuoi cuccioli
non patiranno mai l'inedia,
non si lasceranno morire
tra i tuoi dolci artigli;
ma la cecità sarà la tua benedizione
e la tua condanna.

Crampi a mezzodì –
impone mamma chioccia
– un rapace.
Tovagliolo sulle ginocchia
«zitta – a bocca aperta!»
Sguardo fisso nel vuoto –
il piatto mi vuol divorare tutta intera.
Quegli occhi –
predatori sulla lor preda.
La mia forchetta è piena:
«attenta – in picchiata!»
Sulla mia bocca lamenti sinceri
strangolati –
perforati
aiuto, ha gli artigli affilati!
La mia volontà non esiste –
derubata.
Piangi – piangi
lei non si ferma –
«ingoia!»
Anche oggi la battaglia è persa.

2019

Sono nata in seno al dolore –
senza urlare,
senza scalpitare
covando nel mio petto fermo
un rantolo spezzato
evocando col mio primo respiro
fragilità inaudite
senza conoscere la malignità della terra.
Sono nata in seno alla morte –
il mio cuore
nella sua culla cava –
nel torace stanco e piccolo
già risiedeva
lo spettro di un'esistenza avvelenata.
Bambina,
col tuo cuore sciacallo
invocasti la morte
forse
non lo accettasti mai.

2019

Non ho mai desiderato la dolcezza,
amore: io non ti conosco.
È la condanna di uno spirito
che è tempesta –
cresciuto in seno al tormento
col ferro pesante
sordide malinconie
m'ancorano i piedi.
No – non ho mai voluto la tenerezza.
La tenerezza non è per chi,
col cuore che arde,
si taglia i polsi con le manette
della propria prigionia
ottundendo i pensieri
di fantasia
per scappare dalle solitudini
che incombono
sul giaciglio del suo letto.
Io non abito più qui –
sono l'ospite di me stessa.
Portatemi via: portatemi via.

2019

Innumerevoli volte
son morta
tra le pieghe amare della mia gioventù;
è forse il mio unico talento,
tornare strisciante
sui gomiti
dall'inferno?
Dio, se mi avessi lasciato scappare
se avessi lasciato espirare
quell'infante sgraziata
nei suoi respiri corrotti –
Dio, ora non sarei quest'anima
infesta e mendica
che si piega al tuo altare
con fare saccente
la mente gravida
e nessuna pietà per la propria carne.

2019

Soffri in silenzio,
ti dico:
che poi è mezzo dolore
quel che s'avvicenda
quando le gote ti si bagnano
per il troppo ardore.
Senti – l'hai disperso nell'aria
come mute gocce di pioggia.
Taci, ti dico:
che poi tutto gli altri
sanno per te –
e il tuo amico più intimo –
il tuo compagno fedele –
non t'apparterrà più.

2020

Perdonami:
io non sono più io.
Quella sera dicembrina
sull'asfalto difforme
tra quelle strisce bianche su
sanpietrini dinoccolati –
sono morta io.
Le emozioni sane,
no, non sedimentano
tra terre infertili di genuino cordoglio;
no – da allora –
i miei arti
si svegliano tra amorfi tormenti
angolazioni contundenti
di spalle, giovani, tremanti
scosse da volti annebbiati
insanguinati da tremuli ricordi:
io non sono più.
Il nulla mi sveglia di notte
il nulla mi abita
ed io abito il nulla –
non posso perdonarmi,
nonna – di non averti stretto la mano.
Non posso perdonarmi,
nonno – di non avere scelto
di passeggiare leggera
accanto al vostro passo caduco
e trascinato.

2018

Fulgida bellezza sei
nelle membra
e nei pensieri tuoi
ti spezzi nelle ossa
ma non ti esimi mai.
Tra le strade sterrate
bruciate
nel petto
su per la gola
è forse il dolore
che non sazia mai.
Ma ancora
dipingi di notte
arrendevoli astri
con raggi di sole.

2019

Con gli occhi
ti mangeresti l'universo,
se potessi,
e lo ingoieresti
per tuo diletto.

2019

Ti destasti, meraviglioso,
sul ciglio della mia coscienza.
Dimmi:
sei sempre stato là, ad attendermi?
E hai atteso tutto questo tempo
solo per piantare quel coltello
sin al fondo
fino al mio midollo?

2020

M'infesti
ogni pensiero;
ed io
claudico tra labirinti
zoppa di volontà
ubriaca d'oblio,
provo a rifuggerti, ma
tiranno,
tu t'insinui
tra ogni mio pensiero lunare.

2019

In uno schiocco di lingua
il tuo ego cade nel posacenere.
I tuoi occhi – custodi –
m'investono ad ingoiarmi intera.
Aneliti di fumo riverberano tra noi:
sono i nostri corpi
– io credo –
in fermento
che cercano da lungo
un reciproco rifugio
– ma è la tua sigaretta.
Non mi muovo
o inciampo anche io
tra i tuoi sguardi inconsulti.

2019

Biechi sono i miei desideri:
come quello di annegare
imperturbabile e lucida
nella matassa inestricabile
della tua fulva barba.
Almeno così,
– finalmente –
mi terresti al tuo petto.
Porteresti in giro
le mie spoglie pesanti,
ti sentirei suonare
nel tuo salotto
ancora una volta,
ma soprattutto
sfiorerei le tue labbra
con eccessiva e malcelata commozione.
Eppure tu hai già scaricato
il mio peso –
il mio cuore pesto
sulle rotaie
di quella stazione.

2020

Alla notte
ancora mi sveglio
con un fantasma
incastonato tra le scapole –
un corpo amorfo
che dorme accovacciato
contro di me
al fare degli amanti.
Loro
si stringono
soppesano
condividono
il loro peso,
mentre io sprofondavo
con le mani legate
dai tuoi inganni.

Con la mano sinistra
tu afferravi
la mia mano destra.
I nostri mali
si baciavano e
per un secondo –
un solo secondo –
ho intravisto
il mio posto nel mondo.

2020

Soffoco grida con grani di male
– muta
m'hai zittito per sempre,
ed ora io vomito parole
dentro di me
che si cesellano nel mio esofago –
forse un giorno le sputerò
nei tuoi occhi
e osserverò
la bile della mia devozione
storpiata
dal tradimento
l'abbandono
e la solitudine
a cui mi hai condannato.

2019

Se ti chiedessi di
amarmi adesso
mi lasceresti morire
affamata
sul ciglio della tua porta di casa.

Figlio del dolore,
mostrati a me:
io le conosco le tue lame
come anch'io anelo
tappeti porpora ai miei piedi.
Non hai visto che
la luce soffusa del male
che ti consumava le palpebre
quando la tua pelle
s'arroventava per una qualche liberazione –
soavi erano le voci
che ti esortavano
ad un letto bianco eterno –
nello specchio metallico
ti sei riflesso spesso,
forse – come me –
ti sei domandato perché
mentre l'ennesima goccia
sfiorava
lasciando solchi indelebili,
quelle dita callose
che io ho amato tanto.

2020

Dio:
io ti odio
è un complesso
non v'è amplesso
tra desiderio e realtà.
Ti cerco in ogni uomo –
di loro faccio la mia religione.

Uomo:
io ti portai al petto
come un rosario di fede cieca.
Tu mi giocasti
– non il tradimento –
ma mi denudasti della mia umanità.

Ho un male
bloccato in gola
se lo ingoio
divento cattiva – io
se lo sputo – tu
di certo
mi darai la colpa
della tua cattiveria.

Mi hai lasciato languire
in febbricitante esitazione
la testa lunga attesa
di un passo leggero
tra le pendici dei miei pensieri.

2021

Quattordici sono i semi
dell'amore che non ho avuto mai:
li hanno staccati
ad uno ad uno da me
come vermi –
germi infestanti,
come la sciabordante tristezza
che mi ha tenuto
– anni
mesi
giorni,
non so più –
con la testa
sott'acqua
affamandomi
affannandomi
di soffi vitali.

Ingoiare e poi
rinascere –
Ho respirato
solo dopo
aver desiderato
di essere morta.

3 febbraio

RISPUTATA DA UN VENTRE IRACONDO

Non volevo farlo,
gli dico.
Perché lo hai fatto?
mi dice.
Ha il grembiule blu e
un tatuaggio sul collo.
Perché ho accumulato dolore,
gli dico,
Tanto che per un poco
non volevo sentirlo più.
Quindi non volevi morire?
mi dice.
No, gli dico,
No,
gli mento,
È il dolore
che ha guidato la mia mano.
La mia mente
era satura,
non pensavo più
l'impulso ha vinto la ragione.
Starò bene,
gli dico,
Voglio solo uscire di qui,
lo prego.
E lui mi lascia andare,
ignorando
il cadavere
che cammina
dinanzi a lui.

Quando d'improvviso ti rendi conto
che sei reale
e sei viva –
sei viva
e non hai vissuto mai.

Sono stata zitta così a lungo
che son diventata muta –
sono stata ferma così a lungo
che poi sono morta.

Furie: mettetemi le manette,
non ho unghie,
ho degli artigli,
non potete tagliarli:
sono le mie vene.
Tenetemi ferma, bendatemi,
tenete gli artigli lontani da me,
lontani dalla mia pelle
vittima di un intelletto esasperato.
Un giorno, artigli,
voi mi renderete irriconoscibile.
Ammanettatemi, Furie,
fatelo per la bambina che ero:
se mi vedesse ora
non pena leggerei nei suoi occhi
ma ustionante
gelido disappunto.

2019

INCUBI DA MANICOMIO

Baluginano luccichii fiochi
tra le fauci del serpente
che sbrana le pagine
calligrafie da dolci mani
lattee ma decrepite;
tra le forbici aperte
il pavimento
è un lenzuolo di sangue –
straziata la lama
divelta la veste
anche il bulbo lunare infeltrisce.
Tra le scariche di veemenza
nelle ossa
riverberano gridi.
Se guardi a terra
diseppelliti i cadaveri
le macerie
un petto sgombro
inchiodato con la spillatrice
sui crateri della luna:
sanguina reticenza
in gocce venefiche
che suppurano
tra le erbacce
di una pensante massa di nervi,
una casa abbandonata
ma infestata
di demoni
che le baciano la fronte,
e i capelli

e le mani,
raggrinzite e vergini
lei muore
con gli occhi fissi
sulla sua sedia.

È notte per l'insonne –
la stanza è colma di una luce
che non è luce
ma tiene le palpebre strette
per la fatica di dormire.
La vecchia –
russa e mugola
nel letto accanto –
apre tutte le finestre,
ed io non dormo –
non dormo mai.
Sono quattordici notti
che vivo nottambula
e so che rumore è
quando sento un rumore –
il carretto delle pasticche –
le infermiere che si scambiano –
la pausa sigaretta e poi.
Mi ridesta una voce
«Prelievo»
gli do il braccio –
non quello devastato –
l'altro.
Dice «Va bene» e poi
«Torna a dormire»
ma io non dormo
non dormo più
È colpa della vecchia –
mi dico

e poi comincio a scambiare
sogni per realtà.

2021

Dio si era scordato di me –

abbandonata
nel luogo
senza maniglie alle finestre
senza rasoi per le gambe
con le tasche svuotate
le gambe nude
sto sempre sulla bilancia
in bilico tra follia e verità.

2021

Mi drogo di qualcosa che non c'è.
M'inebrio di qualcosa che non sento sulla
lingua.
Non esiste sollievo –
funesto
urla l'organo della discordia,
s'inarca al richiamo
del piacere invisibile
che presto, vano
si dissolverà
lasciandomi vuota, empia
privandomi della mia unica felicità.
Non è la vodka
col suo gusto acre
e stomachevole –
né una spregevole
sottomarca di tabacco.
È scivolare via
dalla presa ferma sordida realtà.
Sono
soli
cinque
secondi
di
libertà.
È come l'acqua
che in bocca si trasforma
e diventa sangue
e ti dà
solo quello

che tu riesci a volere –
dolore.

2013

Ho esagerato
il mio posto
nella vita degli altri –
gli altri
non si curano di me
come io mi curo di loro.
È amore
sbilanciato –
è disamore
crolla sempre da un lato –
e quel lato
è il mio.

I ricordi sbiadiscono
come sospiri
contro finestre gelate.
È marzo –
è passato l'autunno e poi
l'inverno
ed è di nuovo quasi primavera
è marzo –
ed io ho già scordato
il suono della tua voce –
ti sogno di notte
– in questo luogo che ha il tuo nome –
con la voce di qualcun altro:
è severa
e mi punisce
mi rimprovera
delle speranze che ho creduto.

Mi sento antica
in queste spoglie.
I miei arti
si son arrugginiti
col pianto.
Non ho mai risparmiato me stessa –
mai –
ed ora
allo specchio
vedo tratti scomposti
disallineati
– non sono io.
Non sono io a soffrire –
è qualcun altro
ed io non lo conosco.

Coloro che non amano
non perdono mai.
Non sgretolano mai pezzi di sé
ai piedi degli altri –
quelli che non amano mai
si prendono tutto –
anche l'amore che non sanno provare
ci privano di esso –
è inconsistente – per loro
comico – per loro.
Eppure
nel loro petto
loro covano il sospetto
più pesante di una ghigliottina
di non sapere amare
nessuno
all'infuori di sé.
Questa è la loro condanna.

Attraverso la strada –
altre strade attraversano la mia mente.
È veleno che cola dalle mie orecchie
mi ha resa folle
di pensieri incontrollati
che non hanno voce
ma affollano la mia testa
così pesante
vorrei che rotolasse a terra –
non si ferma –
non cessa –
mi incute timore
questa mia testa.
Nell'incrocio –
quello di casa
per un momento
un istante
ecco
l'intangibile pensiero di chiudere gli occhi –
li chiudo e faccio
uno, due, tre, quattro, cinque
passi.
Sento l'aria spostarsi tra le mie gambe
sono sola
al centro della strada –
la mia testa ben salda –
continuo
cammino
apatica

intoccata
verso la mia fermata.

Credimi:
non esistono limiti all'amore.
Non c'è lavoro
che ti impedisca di pensarmi
non c'è famiglia
che ti trattenga dal vedermi.
L'unico limite è il volere –
la verità è una sola:
tu non mi hai mai voluto
come io ho voluto te.

Di volta in volta
mi vien arduo di vivere.
Mi costa fatica
respirare
trascinare queste spoglie caduche
pesanti –
arenate nel loro porto di dispiaceri.
Talvolta mi agito
nel tremolio notturno delle serrande –
sveglia
non mi capacito
di come i miei arti stanchi –
così pesanti da trascinarsi,
sopravvivano ad ogni caduta
come un pezzo rotto
un animo distorto –
senza quiete.

Di ogni giudizio
io ne faccio pianto –
di ogni abbandono
celebro un funerale.
Non conosco le mezze misure –
pratico solo gli estremi.
Ingoio il frigorifero
oppure io mi affamo
per ore lunghissime
il mio palato s'infeltrisce
per l'aria che passa e niente di più.
Non conosco il grigio –
il grigio non mi appartiene –
o amo
o odio –
non so voler bene
so amare appassionatamente
od odiare con ogni terminazione
del mio corpo sgombro.
Non conosco le mezze misure –
né mai le conoscerò
forse
soffrirò l'esagerazione
del mio patimento
fino a quando
esausta e greve
appoggerò le mie estremità
sul mio comodino del tuo letto.

Tutto il male
che tu m'hai fatto
io lo posso contare.
Ho contato fino a
centosettantanove
e poi ho detto basta –
basta – ti prego
abbi pietà di me –

sfigurarsi
è una dichiarazione di guerra.

Eppure
ciò che mi soffre dentro
è il male in pasto agli sguardi –
ferisce chi mi ha amato
con le braccia stanche
del peso di tenermi viva –

il mio corpo
è un sopravvissuto.

All'odio inconsulto
bieco
disincantato
di chi ha visto le macerie
di un'esistenza
crollare dietro alle sue palpebre.

Ti cerco
in ogni parola che leggo –
nel profumo crepuscolare
del gelsomino che cresceva
nel cortiletto
altresì smunto e decrepito
della tua palazzina –
ricordo il crepitio
dell'asfalto ghiaioso
che calpestava la tua vecchia auto –
le tende marce del tuo appartamento –
le lenzuola rosse, invernali –
che tu usavi anche d'estate,
in cui ci avvolgevamo
per dispetto al calore soffocante –
eppure quando mi guardo dietro alle spalle
vedo i tumuli dissotterrati di un sentimento
mai sbocciato – deceduto
prematuro in seno al pianto.

A CIÒ CHE HO RIVERSATO NELLA
POESIA E A CIÒ CHE LA POESIA HA
RIVERSATO IN ME

Due occhi cerulei
mi fissano
son talmente vicini
che mi sembrano uno.
Questa volta però –
non è paura incontrollata
che sento risalire
nella gola –
è desiderio
di leggerezza
e la consapevolezza
di non dover più lottare
contro me stessa –
contro tutti –
per essere amata.

Certe notti ne sono certa:
amo più la poesia
di me stessa.

2019

Son tempi duri
per i giovani poeti
coi palmi stretti.
Son tempi sterili
per i poeti
affamati di verità
che coi sogni
dipingono
voraci versi
d'umiltà.

2020

Mi sento una contraddizione:
un fiume in piena, straripante
ed un incendio doloso.
Costantemente,
io brucio nel freddo autunnale.

Vorrei essere
nel mio cuore grandissimo
una di quelle giovani
docili
morbide
con le mani avvolte nella seta.
Le mie mani sono
ruvide
artritiche
cascano senza significato.

Sono un essere cocciuto
e recalcitrante
per la furia di essere in vita –
mi muove una rabbia senza termine.

La mia pelle è irta
le mie mani sono appuntite
sono coriacea –
mai accomodante
mai docile
per nessuno.

Ho imparato:
mi sfracello sempre
con mestizia
su terreni irti
e paesaggi brulli
di cuori infranti
e lo squallore
di saper amare
ma non essere amata mai.

Eppure oggi
mi ricompongo
una caduta alla volta –
quel pezzo mancante che tanto piangevo
non serve più.
Ricresco da sola
come una pianta recisa
nel suo sbocciare più incerto.

MONFERRATO

Se ho il cuore che s'inabissa
così dolcemente
è forse colpa di queste valli
e di questi colli dipinti
da mano alacre
ed immaginifica ispirazione
– borgogna sono i loro frutti
e dorati.
L'odore intenso di mosto
invade le stradine dinoccolate –
le vigne si mostrano
spoglie e calde.
È autunno nel Monferrato.

I write
because I fear
that all that I feel
one day
might disappear

Bless
the souls
that make love
at first glance
bless
the minds
that entwine
in a blink
of an eye.

I dreamt a dream
last night
the same old dream
for many nights –
you were there
locked in a room
tied to a chair
your eyes gleaming
as two moons of pitchy black,
bewildered,
yearning wildly for something
I would recognize everywhere.
But yet
you sat there
quiet
your shoulders bearing the weight
of the entire and whole
world,
making it seem like it's nothing,
nothing at all.
«Please share it with me» I was screaming,
but as I talked
I screamed silence.
And then
I saw your eyes
two endless pits
as beautiful as a blossoming bruise,
again, you looked at me
like you would eat me whole.
My lungs cracked

my breath –
agonizing
between the shipwrecks and the waves
I found my own stare
glaring at me
my own silent self
needy and broken
in all the pieces I can't mend
not by myself
but you can.

I'm sorry
it was my fault
I was the damaged
I was the weak
my lungs were craving for air
my soul was bleeding
my chest spread open
but
you didn't heal me
you infected me.
You took my pumping heart
between your fingers
and locked it
in a golden cage
which is still a cage.
You called it love
I called it obsession
I left
but your echo haunts me
and your voice moaning my name is still
a bliss and a nightmare
every night I feel nothing
nothing at all
such nothing
it hurts
I'm disappearing
and I can't tell where you start
and I end.

Choose me
is all I'm yelling inside
just for this time
is what my mind's screaming all the time.
For I've never been the first choice
never been so privileged
never had such abundance of happiness.
All my life
a rich dish
has been served
under my famished stare
but
I was always left
starving.
No mercy
was ever shown
to my stupid
longing heart –
not even a taste
I was given
of that longly craved
beautiful and promising feast.
So now,
please,
please,
untie my hands
let me grab you
and let me feast
for I've starved long enough.

MORALE DELLA STORIA

In quarta elementare, quando avevo ancora otto anni e potevo bearmi – e vantarmi – del privilegio di primina e dirmi più piccola degli altri ma altrettanto intelligente, perché studiavo le stesse cose che studiavano loro, nonostante avessi – in alcuni casi – anche un anno in meno dei miei compagni, un venerdì di novembre, la maestra d'*Italianostoriaegeografia* – una tuttofare dell'istruzione italiana decisamente sottopagata, visti noi, orde di piccoli barbari in tute colorate perché quel giorno facevamo ginnastica – ci disse: «Per la prossima settimana scrivete una poesia o una filastrocca, che poi la leggiamo tutti insieme in classe».

La Leila di allora, occhiali azzurri effetto jeans – strana la moda dell'epoca – cicatrice fresca in fronte perché l'anno prima era scivolata su un foglio di carta e aveva pensato di abbracciare affettuosamente lo stipite dell'armadio di ferro con la propria testa, e i denti a finestrella di cui non si vergognava affatto, e che, anzi, mostrava orgogliosamente con ampi sorriso contagiosi, be', la Leila dell'epoca già amava la poesia come si amano le cose semplici della vita: il papà che le asciugava i capelli ancora biondini con la radio del bagno accesa, il gelato confezionato a casa della nonna, le gare in bici con fratello e cugino con annesse sbucciature sempre sullo stesso ginocchio.

Il sabato pomeriggio della stessa settimana mi misi con foglio e matita a carponi sulla sedia al tavolo della cucina vicino a mamma che faceva i conti per la casa e scrissi la mia poesia.

A scuola, due giorni dopo, la consegnai alla maestra con le mani un po' tremanti, ma lo sguardo alto e fiero.

La mia poesia non fu letta, quella volta. Non ad alta voce.

La maestra la prese, alla fine della lezione, la lesse, mi guardò e me la riconsegnò senza spiegazioni. Ci rimasi male: quelle dei miei compagni erano state lette, la mia scartata.

Quella poesia – il ricordo più chiaro che ho delle scuole elementari – parlava di una scaletta. E di muri. E di come, solo grazie a una scaletta, una bimba ancora piccola di statura, poteva raggiungere il cuore di qualcuno decisamente più alto, a volte distante, a volte un po' troppo occupato per badare al suo piccolo cuoricino già allora tanto pesante e che già allora mostrava crepe forse ancora sanabili.

La Leila di tanti anni fa ancora non lo sapeva, ma la poesia sarebbe diventata la sua scaletta. La sua scaletta per salire e parlare al cuore delle persone, tramite il suo cuore pesante, che le ha tolto tanto ma dato altrettanto, senza far piangere loro per i suoi lutti stanchi, pur lasciandogli un pezzo del proprio specchio distrutto in cui guardarsi.

Penso che se potesse vedermi, ora, e chiedermelo, la Leila di allora sarebbe felice di sapere che la Leila di oggi stringe ancora forte tra le nocche quel sogno, con interi quaderni stracolmi

di poesie e una piccola macchina da scrivere az-
zurro pastello che si chiama Alba.

Se sei arrivato fino a qui, significa che ho rag-
giunto la cima della mia scaletta con successo.
Ti ringrazio di aver teso la tua mano.

Leila

RINGRAZIAMENTI

Voglio ringraziare chi ha cercato di tenere assieme tutte le mie macerie e chi, con la forza dell'amore, mi ha tenuto in vita.

Chi, dopo avermi salvata, mi ha dato una ragione per continuare a combattere.

Grazie mamma, per avermi così tenacemente tenuto testa: ti amo più di ogni cosa al mondo.

Grazie al mio angelo Gabriele, che coi suoi occhi gentili mi protegge dalle malignità del mondo.

Grazie a tutta la mia famiglia per aver creduto in me quando nemmeno io credevo più in me stessa.

Grazie a Erica, la mia editrice, col suo cuore generoso e il suo essere così brillante e in gamba. Grazie per avermi dato non una, ma due grandissime occasioni che mi hanno cambiato la vita. Mi hai donato della speranza quando di speranza non ne avevo più.

Grazie al team di Women Plot, siete donne speciali e incredibili.

E infine, grazie alla mia professoressa d'Italiano delle superiori, che era quasi riuscita a convincermi che non fossi portata per la scrittura: grazie, perché non ho mai smesso di provare a smentirti.

Adesso, invece, stringo in pugno il mio sogno.

BIOGRAFIA DELL'AUTRICE

Leila Bussi è nata il 30 gennaio del 1996 a Torino. Sin da piccola il suo nome ha segnato un po' il suo destino: le storie sono sempre state la sua grande passione. Le piace leggere i libri fantasy e ben presto scopre di avere anche la necessità di scriverne.

Nel 2014 entra alla scuola Holden, a soli diciotto anni, e frequenta il biennio in Crossmedia, conseguendo il master con un progetto editoriale interattivo di nome *The Netherworld Series*, comprendente una trilogia fantasy che narra la storia di Ade e Persefone ambientata ai giorni nostri, delle illustrazioni interattive, una parte online spin-off e una graphic novel.

Nel 2016 inizia il suo percorso all'Università di Torino in Lingue e letterature moderne. Nel frattempo, non smette mai di scrivere e tiene in cantiere molti progetti: molte storie si accumulano nei suoi taccuini.

Inizia a scrivere *Ossa sacre* nel 2018 e a riempire i suoi quadernetti di poesie, sperando che un giorno vedano la luce.

Nel giugno 2021 entra a fare parte del team di Women Plot come assistente editoriale, proponendo successivamente alla casa editrice la sua raccolta di poesie.

Al momento sta scrivendo il suo primo romanzo non di genere, ma soprattutto, non smette mai di sognare.

WOMEN PLOT

Quanti volumi nella nostra biblioteca sono opera di donne? Probabilmente pochi, infatti quando vogliamo acquistare un libro ci si rende subito conto di un certo gap di genere, gap confermato dai dati nazionali.

Un'analisi del settore editoriale mostra inoltre forti asimmetrie sia nella distribuzione dei ruoli che nell'assegnazione dei premi agli scrittori, nonostante le donne ottengano risultati migliori nell'istruzione e nella formazione e frequentino librerie e biblioteche con maggiore assiduità degli uomini.

Women Plot è un *publisher* internazionale e una *media company* che ambisce a ridurre le disuguaglianze di genere nell'editoria e nell'industria dei media condividendo storie di donne vere.

Come autrice, Erica, la *founder*, ha capito quanto sia ineguale il sistema: ogni donna che desidera avere successo nel mondo della scrittura è consapevole che ci siano ostacoli unici per raggiungere questo successo. È chiaro che esiste un pregiudizio di genere nelle case editrici e nel mondo dei libri. Perché non provare qualcosa di radicale?

Women Plot vuole condividere storie di donne autentiche e stimolanti mentre coinvolge la comunità con eventi, club del libro virtuali e molto altro ancora.

La nostra visione è quella di diventare il punto di riferimento per acquistare libri che supportano il lavoro delle donne e riducono consapevolmente la disuguaglianza di genere.

Sapendo tutto questo, possiamo cercare di lavorare responsabilmente per la diminuzione del divario di genere e per sostenere attivamente un cambiamento culturale verso la definitiva parità di genere.

INDICE

Ossa sacre   9

Giovane e dal cuore pesante   25

Risputata da un ventre iracondo   51

A ciò che ho riversato nella poesia e a   75
ciò che la poesia ha riversato in me

Ringraziamenti   95

Biografia dell'autrice   97

Women Plot   99

9 791280 593160